¡LLÁMENME ROBERTO!

ROBERTO CLEMENTE ALZA LA VOZ POR LOS LATINOS

Nathalie Alonso

Arte de Rudy Gutiérrez

CALKINS CREEK
UN SELLO EDITORIAL DE
ASTRA BOOKS FOR YOUNG READERS
New York

"Naci para ser

En el tranquilo pueblo azucarero de Carolina
en Puerto Rico, Roberto Clemente se la pasa
jugando béisbol.

No le importa que su pelota sea una lata de metal
y su bate la rama de un árbol. Tampoco que su
terreno de juego esté lleno de lodo y de palmas.
O que su madre, Doña Luisa, tenga lista la cena.

Roberto vive para
batear y deslizarse.
Para atrapar.
Para tirar.
Para correr.

A sus 19 años, Roberto llama la atención de un cazatalentos de un equipo de las Grandes Ligas. Con la bendición de su padre, Don Melchor, le dice adiós a su isla caribeña y se dirige hacia el norte. ¡Va a ser un pelotero famoso!

Pero la primera parada de Roberto es un Montreal frío,
donde permanece en la banca, anhelando jugar béisbol.

Finalmente en un día de primavera de 1955, Roberto logra jugar en las Grandes Ligas. En su primer turno al bate por los Piratas de Pittsburgh golpea la bola hacia el lado izquierdo del cuadro interior y corre a todo motor a primera base—¡QUIETO!

El próximo bateador manda la bola al jardín derecho. A máxima velocidad, Roberto dobla por la tercera base y . . . ¡ANOTA!

A muchos aficionados de Pittsburgh les encanta el estilo llamativo de Roberto, pero no todos están dispuestos a acoger a un hombre de raza negra que viene de Puerto Rico y habla español.

"Represento a la gente común de América, así que me van a tratar como a un ser humano".

Roberto escucha mofas e insultos de parte de jugadores contrarios y de personas en las gradas. Sus compañeros de equipo mantienen distancia, y los periodistas se burlan cuando habla inglés.

Pero Roberto camina con la frente en alto mientras da swings y se desliza . . .

. . . ¡Y corre!

Roberto vuela de base en base con un grand slam dentro del campo en un juego, tres triples en otro. El narrador de radio de los Piratas exclama: "¡Arriba! ¡Arriba!" cuando Roberto pisa la caja de bateo.

. . . ¡Y lanza y atrapa!

En el jardín derecho, Roberto es un acróbata. ¡Salta! ¡Se lanza hacia la bola! ¡Se estira sobre el muro para robar hits y jonrones! Y en las bases, los corredores no tienen la más mínima oportunidad de ganarle a su potente brazo derecho.

Pero en los periódicos, los reporteros no elogian
la energía de Roberto; le dicen presumido. Y cuando
le duele la espalda y no puede jugar ¡lo llaman vago!
Para empeorar las cosas, la gente le dice "Bob".
Les parece que suena más familiar, más
estadounidense.

A Roberto no le gusta que lo llamen Bob.

Llámenme Roberto, insiste, orgulloso de ser de Puerto Rico.

Y Puerto Rico está igual de orgulloso de él.

En 1960, Roberto participa en un Juego de Estrellas
por primera vez y manda la bola más lejos que nunca.
Dieciséis de esas bolas rebasan la cerca . . . ¡SE VAN!
Sus 16 jonrones y 94 carreras impulsadas llevan a
los Piratas a la Serie Mundial. Doña Luisa viaja a
Pittsburgh para verlo jugar, mientras que el resto
de Puerto Rico está pegado a la radio.

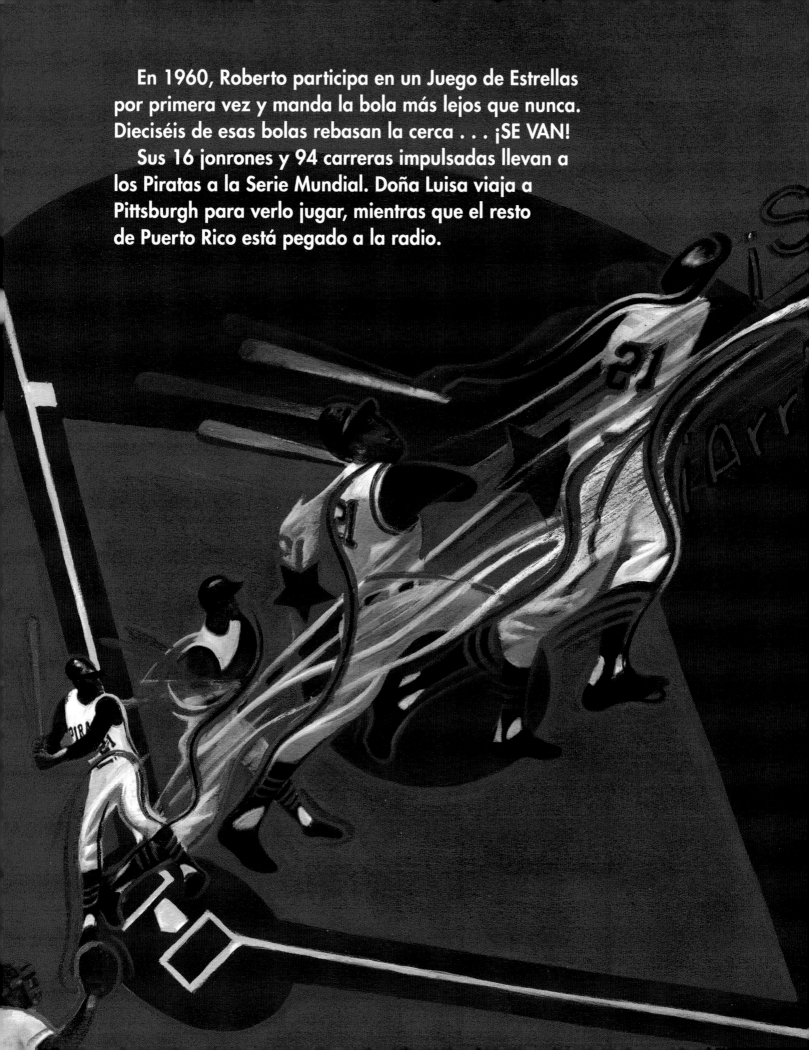

Roberto brilla en el mayor escenario del béisbol. En su primer turno al bate en una Serie Mundial, conecta un sencillo al jardín central, empujando una carrera que ayuda a los Piratas a ganar el Juego 1.

Con un batazo dentro del cuadro en el decisivo Juego 7, Roberto produce otra carrera y . . .

. . . los Piratas ganan 10–9. ¡Son campeones!

Roberto es el único jugador de los Piratas con hits en cada juego de la Serie Mundial. Pero pocas personas en Pittsburgh lo notan. Mientras los Piratas celebran, el niño de Carolina vuelve a casa en su adorada isla, donde fanáticos tocan pitos y tambores para recibirlo como un héroe.

"Si soy lo suficientemente bueno para jugar aquí, tengo que ser lo suficientemente bueno para ser tratado como el resto de los jugadores".

¡PIRATAS CAMPEONES!

Puerto Rico organiza una fiesta tras otra en honor a Roberto. Pero él quiere ser reconocido en Pittsburgh también. Cuando queda en octavo lugar en la votación para el premio al Jugador Más Valioso, otorgado por los reporteros deportivos, Roberto siente indignación.

Ellos no reconocen su talento.
Porque es de raza negra.
Porque es puertorriqueño.
Y no es la única injusticia que enfrenta.

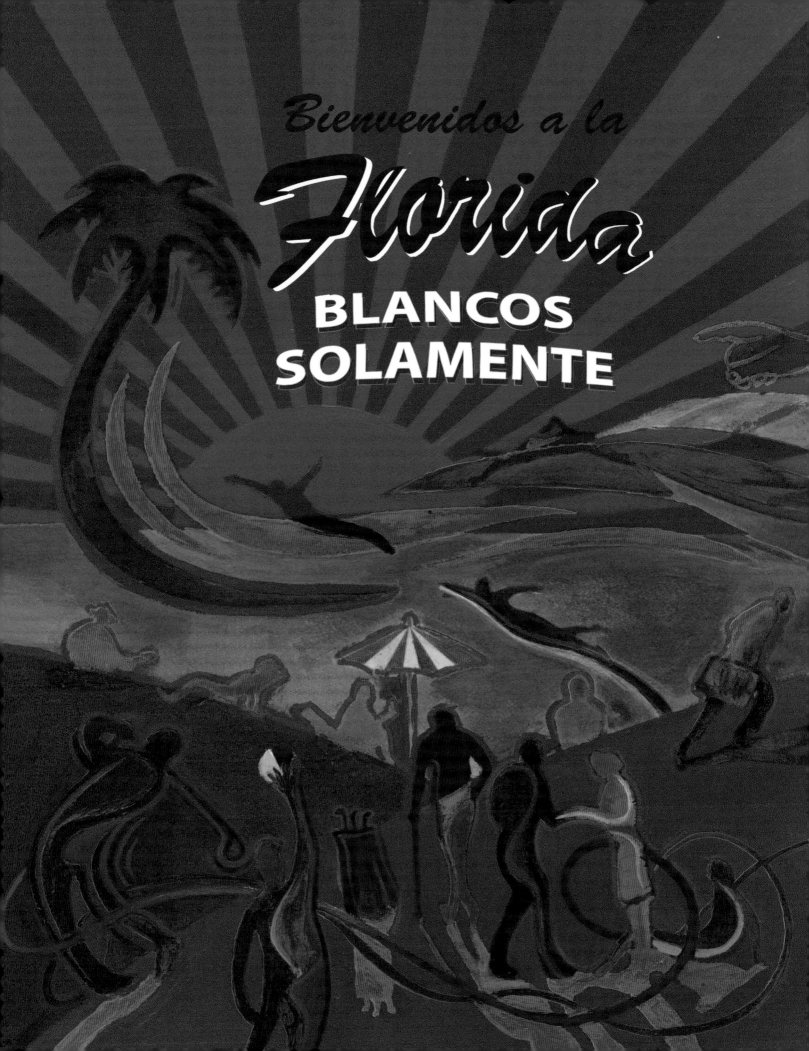

En Puerto Rico Roberto es libre de ir a donde quiera. Pero en el segregado estado de la Florida, donde entrenan los Piratas en la primavera, el hotel y otros lugares están prohibidos para un hombre de raza negra, aunque sea campeón de la Serie Mundial.

Mientras sus compañeros de equipo blancos juegan golf y nadan en la playa, Roberto está encerrado en su habitación en otra parte de la ciudad.

—Es como estar en prisión —le dice a un reportero.

Roberto sigue exigiendo justicia para sí mismo y para jugadores como él. Pero es en el terreno de juego donde se hace escuchar.

Un Roberto decidido tiene su mejor temporada hasta el momento. En el Juego de Estrellas de 1961, con el marcador empatado, manda la bola al jardín derecho. ¡UN SENCILLO GANADOR!

Al final de la temporada, Roberto lidera su liga con un promedio de bateo de .351 y gana un Guante de Oro por sus espectaculares tiros y atrapadas.

Nadie puede ignorar a Roberto ahora. ¡La bola sale volando de su bate! Conecta 29 jonrones e impulsa 119 carreras por los Piratas en 1966.

Cuando termina la temporada, los periodistas no pueden negarlo: Roberto es el Jugador Más Valioso. A estas alturas, más jugadores que provienen de lugares donde crecen las palmas y la gente habla español brillan en las Grandes Ligas.

El esfuerzo de Roberto está dando resultados, pero la actuación más grande de su carrera está aún por venir . . .

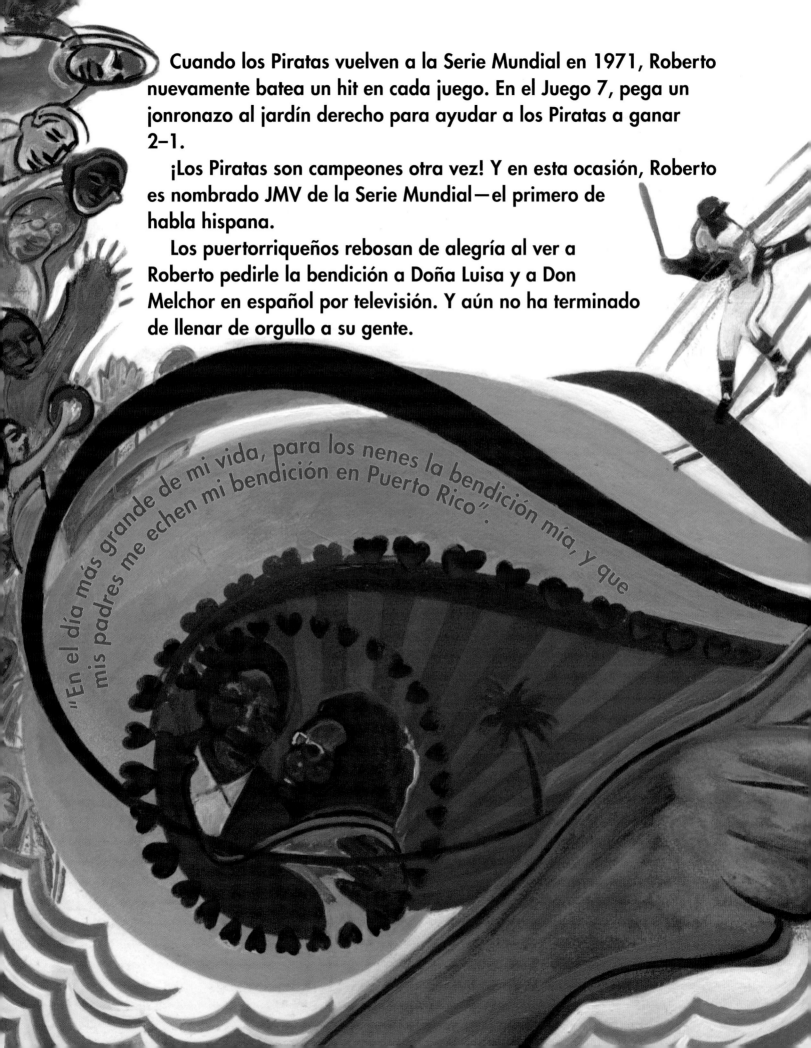

Cuando los Piratas vuelven a la Serie Mundial en 1971, Roberto nuevamente batea un hit en cada juego. En el Juego 7, pega un jonronazo al jardín derecho para ayudar a los Piratas a ganar 2–1.

¡Los Piratas son campeones otra vez! Y en esta ocasión, Roberto es nombrado JMV de la Serie Mundial—el primero de habla hispana.

Los puertorriqueños rebosan de alegría al ver a Roberto pedirle la bendición a Doña Luisa y a Don Melchor en español por televisión. Y aún no ha terminado de llenar de orgullo a su gente.

"En el día más grande de mi vida, para los nenes la bendición mía, y que mis padres me echen mi bendición en Puerto Rico".

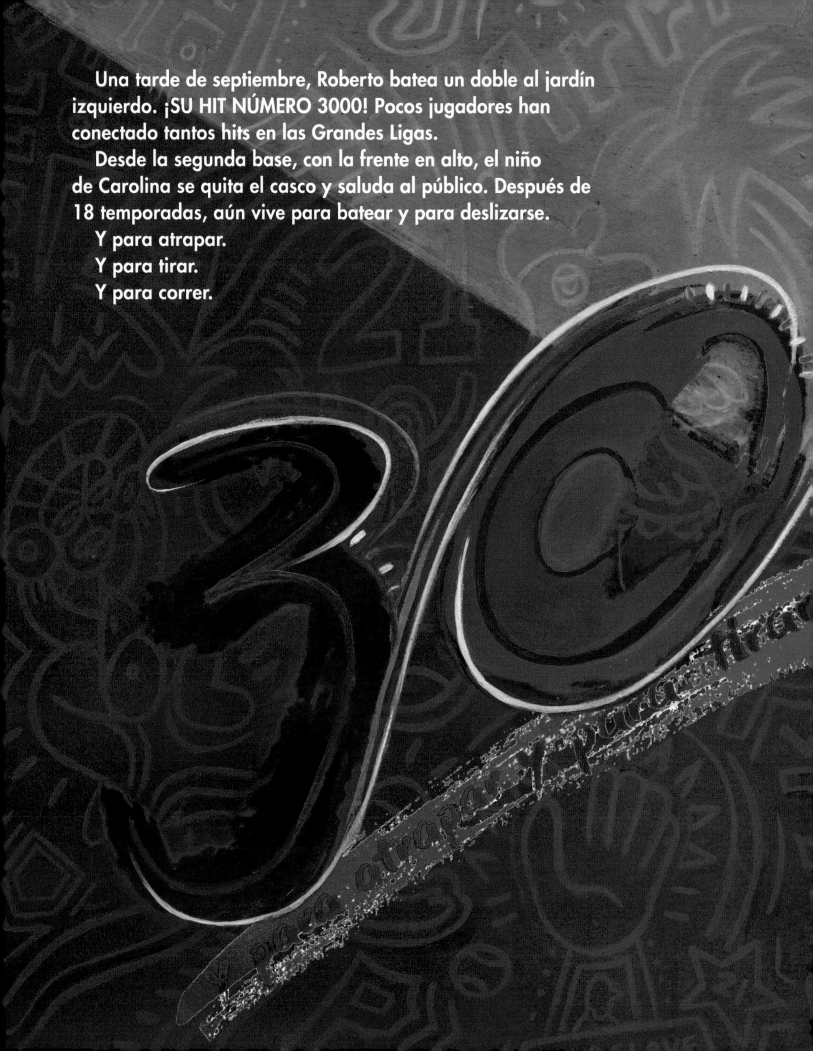

Una tarde de septiembre, Roberto batea un doble al jardín izquierdo. ¡SU HIT NÚMERO 3000! Pocos jugadores han conectado tantos hits en las Grandes Ligas.

Desde la segunda base, con la frente en alto, el niño de Carolina se quita el casco y saluda al público. Después de 18 temporadas, aún vive para batear y para deslizarse.

Y para atrapar.

Y para tirar.

Y para correr.

Nota de la autora

El 31 de diciembre de 1972, tres meses después de conseguir su hit número 3000, un Roberto Clemente de treinta y ocho años abordó un avión en San Juan, Puerto Rico. Se dirigía a Nicaragua para entregar suministros a las víctimas de un terremoto. La aeronave se estrelló en el océano poco después de despegar, cobrando la vida de todos los que iban a bordo.

Debido a las circunstancias de su muerte, Roberto ha sido honrado durante mucho tiempo principalmente como una figura humanitaria. Y si bien merece ser reconocido como tal, esa narrativa ha opacado lo que considero su mayor aporte al béisbol: su lucha por lograr que el deporte acepte y acoja a los jugadores de América Latina. Es este legado el que más me impacta como latina de primera generación que se gana la vida cubriendo el béisbol, ámbito que tradicionalmente ha sido dominado por hombres blancos.

A los veinte años comencé mi carrera periodística con MLB.com, escribiendo, traduciendo y produciendo contenido para un público de habla hispana. Desde entonces he cubierto a jugadores, instructores y dirigentes que provienen de Puerto Rico, como Roberto; de Cuba, como mi madre; y también de la República Dominicana, Venezuela y otros países latinoamericanos. Muchos de esos jugadores son figuras grandes y muy queridas en el deporte.

Pero cuando Roberto llegó a las Grandes Ligas, se encontró con una industria que, años después del debut de Jackie Robinson con los Dodgers, seguía siendo hostil hacia las personas de color. A principios de su carrera, los periódicos se burlaban del acento puertorriqueño de Roberto al citarlo usando ortografía fonética. Cuando las dolencias físicas le impedían estar en el terreno de juego, los periodistas le decían hipocondríaco y lo acusaban de ser vago. Y cuando se quejaba de ese trato, los medios lo catalogaban de insatisfecho. Como un hombre afropuertorriqueño, Roberto también estaba sujeto a las leyes de Jim Crow.

Sin embargo, Roberto, quien se identificaba con el Movimiento de los Derechos Civiles (la lucha afroamericana por la igualdad), se mantuvo intensamente orgulloso y sin complejo de sus raíces. Su negativa a ceder ante la intolerancia y su desafío a los estereotipos racistas son lo que más me inspiran. Como alguien cuya lengua materna es el español pero que no siempre se sentía cómoda hablándolo en situaciones profesionales, el momento en que Roberto se dirigió a sus padres en español por televisión nacional es de gran validación.

Roberto, por supuesto, se encuentra entre los jugadores más destacados de todos los tiempos. En 18 temporadas con los Piratas, bateó .317, conectó 240 jonrones e impulsó 1305 carreras, a la vez que ganó cuatro títulos de bateo y 12 Guantes de Oro y participó en 15 Juegos de Estrellas. Fue nombrado Jugador Más Valioso de la Liga Nacional en 1966 y ayudó a Pittsburgh a ganar la Serie Mundial en dos ocasiones. Después de su fallecimiento, fue exaltado al Salón de la Fama del Béisbol Nacional. Major League Baseball ha designado el 15 de septiembre como el Día de Roberto Clemente, y cada año la liga otorga el Premio Roberto Clemente a un jugador activo que encarna sus valores.

Es importante señalar que Roberto no fue el primer jugador afrolatino que jugó por un equipo de la Liga Americana o la Liga Nacional. Esa

ARRIBA: Roberto Clemente comenzó su carrera en el béisbol profesional con los Cangrejeros de Santurce en Puerto Rico.

DERECHA: Además de sus proezas con el bate, a Roberto Clemente se le conocía por su espectacular defensa en el jardín derecho.

distinción le pertenece al cubano Orestes "Minnie" Miñoso, una figura clave en la integración del béisbol estadounidense que se enfrentó a la misma hostilidad. Al continuar el legado de Miñoso y otros, Roberto ayudó a despejar el camino para que los jugadores latinoamericanos brillaran en las Grandes Ligas—y para que una reportera como yo los cubra. Yo cuento la historia de jugadores y entrenadores que se ven reflejados en Roberto Clemente. Él es su héroe. Y el mío también.

Roberto Clemente pasó los 18 años de su carrera en las Grandes Ligas con los Piratas de Pittsburgh.

Cronología de la vida de Roberto Clemente

18 de agosto de 1934: Roberto Enrique Clemente Walker nace en Carolina, Puerto Rico.

9 de octubre de 1952: Roberto firma con los Cangrejeros de Santurce de la liga invernal de béisbol de Puerto Rico.

19 de febrero de 1954: Roberto firma con los Dodgers de Brooklyn.

22 de noviembre de 1954: Los Piratas de Pittsburgh eligen a Roberto de los Dodgers de Brooklyn en el Draft de la Regla 5.

17 de abril de 1955: Roberto debuta en las Grandes Ligas con los Piratas.

1958: Roberto se une a la Reserva del Cuerpo de Infantería de Marina de Estados Unidos.

1960: Los Piratas de Pittsburgh vencen a los Yankees de Nueva York en la Serie Mundial. Roberto termina en octavo lugar en la votación del Jugador Más Valioso de la Liga Nacional.

1961: Roberto gana el primero de sus doce Guantes de Oro consecutivos y su primer título de bateo en la Liga Nacional luego de terminar la temporada con promedio de .351.

14 de noviembre de 1964: Roberto se casa con Vera Cristina Zabala en San Juan, Puerto Rico. El matrimonio tiene tres hijos: Roberto Jr., Luis Roberto y Enrique Roberto.

1966: Después de lo que se considera su mejor temporada, Roberto es nombrado Jugador Más Valioso de la Liga Nacional.

1 de septiembre de 1971: Con Roberto en el jardín derecho, los Piratas mandan al terreno lo que se considera la primera alineación en la historia de las Grandes Ligas integrada totalmente por jugadores latinos y afroamericanos.

17 de octubre de 1971: Los Piratas superan a los Orioles de Baltimore en la Serie Mundial. Roberto es el JMV de la Serie Mundial.

30 de septiembre de 1972: Roberto conecta un doble en su último juego de la temporada regular de 1972 para llegar a 3,000 hits. Es el primer latino y el 11mo jugador en la historia de las Grandes Ligas que alcanza esa cifra.

31 de diciembre de 1972: El avión que Roberto alquila para llevar suministros a Nicaragua tras un terremoto se estrella en el mar poco después de despegar. No hay sobrevivientes.

6 de agosto de 1973: Roberto se convierte en el primer jugador latinoamericano exaltado al Salón de la Fama de Béisbol Nacional.

Bibliografía seleccionada

Todas las citas usadas en este libro pueden encontrarse en las siguientes fuentes marcadas con un asterisco (*).

Abrams, Al. "Sidelight on Sports: A Baseball Star is Born." *Pittsburgh Post-Gazette*, 7 de junio de 1955, 20.

Beschloss, Michael. "Clemente, the Double Outsider." *New York Times*, 19 de junio de 2015. nytimes.com/2015/06/20/upshot/clemente-the-double-outsider.html.

Beyond Baseball: The Life of Roberto Clemente. 2007–2012, Smithsonian Institution Traveling Exhibition Service.

Berkow, Ira. "Maybe They'll Understand Clemente Now." *Nevada Daily Mail*, 2 de noviembre de 1971, 11.

Biederman, Les. "Hitting in Daylight (.411 Versus .302) Best for Clemente." *Pittsburgh Press*, 11 de marzo de 1962, sec. 4, 3.

The Clemente Family. *Clemente: The True Legacy of an Undying Hero.* New York: Celebra, 2013.

*"A Conversation with Roberto Clemente." Sam Nover, WICC-TV, 8 de octubre de 1972. youtube.com/watch?v=RFEH5nxSoKc&t=212s.

"Clemente Unsung Hero of Series." *Decatur Daily Review*, 11 de octubre de 1960, 15.

Cope, Myron. "Aches and Pains and Three Batting Titles." *Sports Illustrated*, 7 de marzo de 1966, 30–40.

*Maraniss, David. *Clemente: The Passion and Grace of Baseball's Last Hero.* New York: Simon & Schuster, 2007.

———. "No Gentle Saint." *The Undefeated*, 15 de julio de 2016. theundefeated.com/features/roberto-clemente-was-a-fierce-critic-of-both-baseball-and-american-society.

Nunn Jr., Bill. "Change of Pace." *Pittsburgh Courier*, 7 de mayo de 1960, 26.

Prato, Lou. "Clemente Will Seek Raise in Pay Next Year." *Gettysburg Times*, 3 de octubre de 1961, 5.

Schuyler Jr., Ed. "Clemente Unorthodox? Well, He Gets Results." *Daytona Beach Morning Journal*, 11 de agosto de 1964, 7.

Walker, Paul Robert. *Pride of Puerto Rico: The Life of Roberto Clemente.* Harcourt Brace Jovanovich, 1991.

Ways, C. R. "Nobody Does Anything Better Than Me in Baseball, Says Roberto Clemente." *New York Times Magazine*, 9 de abril de 1972, 38–48.

Agradecimientos

Es difícil imaginar que *¡Llámenme Roberto!* estaría en el mundo sin el apoyo que recibí de la Beca de Diversidad en Literatura Infantil de la Fundación Highlights. Estoy endeudada eternamente con George Brown y Alison Green Myers por brindarme los recursos que me permitieron dar el salto de periodista a autora de libros infantiles.

Mi más sincero agradecimiento a Leah Henderson, quien vio mi potencial para escribir para niños mucho antes que yo, y a mi mentora de la beca y amiga, Emma Otheguy, por sus perspicaces notas sobre los primeros borradores de este libro. También quiero reconocer a Harold Underdown y Eileen Robinson, cuyo taller de revisión me ayudó a hallar la voz y dirección para esta historia, y a Rona Shirdan, cuyo ojo para los detalles siempre mejora mis escritos. Y estoy agradecida por las conversaciones sobre Roberto Clemente que he tenido con el Profesor Adrián Burgos, Jr., las cuales han contribuido a dar forma a mi entendimiento del legado de Roberto.

Me encontré en posición de escribir este libro porque Suzanne Medina me dio la oportunidad de trabajar en el béisbol. Estaré por siempre agradecida con ella por contratarme para el empleo de mis sueños y por el apoyo que me han dado todos mis colegas en LasMayores.com.

Soy afortunada de haber tenido un increíble grupo de apoyo en el cual confiar mientras trabajaba en este libro, comenzando por mis compañeros de la Beca de Diversidad: Adriana De Persia Colón, Pamela Courtney, Krystal Song, Daria Peoples, Jacqueline Barnes, Narmeen Lakhani, Trisha Tobias, Gerry Himmelreich y Jessica Galán. Gracias por su amor, comentarios y estímulo. También estoy agradecida con mi amiga y colega escritora Sydney Bergman por darme ánimo durante todo el proceso.

Y a mi editora, Carolyn Yoder, y a mi agente, Heather Cashman, gracias no solo por creer que la historia de Roberto Clemente merece ser contada, sino por confiar en que soy la persona indicada para hacerlo.

Nota del ilustrador

Para mí, Roberto Clemente representa belleza, gracia, dignidad, divinidad, responsabilidad social, poesía en movimiento y, por supuesto, amor por nuestras almas puertorriqueñas y más allá. Él es lo mejor de nosotros y es un honor evocarlo con mi arte con la esperanza de poder hacerle justicia inspirando a otros a conocer su gloriosa validez.

—RG

Créditos de las fotografías

National Baseball Hall of Fame, Cooperstown, NY: 35 (izquierda), 36; Associated Press: 35 (derecha).

Para mi mamá, por siempre llevarme a la biblioteca —*NA*

¡Para todos aquellos que aman su herencia y tienen el valor
de seguir el camino hacia quienes son! —*RG*

Calkins Creek
Un sello editorial de Astra Books for Young Readers,
una división de Astra Publishing House
astrapublishinghouse.com
Impreso en China

ISBN: 978-1-6626-8091-5 (hc)
ISBN: 978-1-6626-8092-2 (eBook)
Library of Congress Control Number: 2023920489

Primera edición

10 9 8 7 6 5 4 3 2 1

Diseñado por Barbara Grzeslo
El texto está hecho en Futura Std Medium.
Las ilustraciones están realizadas en técnica mixta, utilizando pintura acrílica con
lápices de colores y crayones.